한전KDN

직업기초능력평가 모의고사

정답 및 해설

SEOWONGAK

(주)서원각

제1회 정답 및 해설

1 ②

각 가구의 투자금을 각각 a, b, c, d라고 할 때, 위의 조건을 식으로 나타내면 다음과 같다.

㉠ a = (c+d) × 0.4

㉡ 4c = a+b+d

㉢ b = c+100

㉣ a+b = 2c+d

이 식을 주의 깊게 살펴보면 다음과 같이 풀이를 이어갈 수 있다.

㉣을 ㉡에 대입하면 4c = 2c + d + d가 되고 이것으로 c = d가 되는 것을 알 수 있다. 다시 이를 ㉠에 대입하면 a = 2c × 0.4가 되어 c = 5/4a가 된다. 따라서 ㉡의 식을 a에 대하여 다시 정리해 보면, 4c = a + b + d → 4 × 5/4a = a + (5/4a + 100) + 5/4a가 된다. 이것을 풀면, 3/2a = 100이므로 결국 a는 약 67만 원을 투자한 것이 된다.

2 ②

A, B 두 제품의 처음 개수를 각각 x개와 y개라고 하면, 제품 무게의 비는 5:4이고 처음 적재된 총 무게는 동일하므로 $5x = y$이다. 또한 각 창고에서 20개씩 출고하였으므로 남은 제품의 개수는 A가 (x−20)개, B가 (y−20)개이고, 남은 제품의 무게 비가 4:5이므로 5(x−20):4(y−20) = 4:5가 성립한다.

따라서 두 연립방정식을 풀면 x = 36, y = 45가 됨을 알 수 있다.

정답은 36+45=81개가 된다.

3 ④

지난달의 기름 1L의 값 = 392,000÷245 = 1,600원

이 중 원유의 값은 1,600×0.9 = 1,440원이며, 세금은 160원이다.

따라서 이번 달의 기름 1L의 값은

(1,440+1,440×1/8)+(160+160×1/20) = 1,440+180+160+8 = 1,788원이 된다.

4 ②

이웃을 신뢰하는 사람의 비중은 20대(36.5%)가 10대(38.5%)보다 낮으며, 20대 이후에는 연령이 높아질수록 신뢰도가 비례하여 높아졌다. 이러한 추이는 연령별 평점의 증감 추이와도 일치하고 있음을 알 수 있다.

5 ③

사고 전 조달원 \ 사고 후 조달원	수돗물	정수	약수	생수	합계
수돗물	40	30	20	30	120
정수	10	50	10	30	100
약수	20	10	10	40	80
생수	10	10	10	40	70
합계	80	100	50	140	370

수돗물은 120가구에서 80가구로, 약수는 80가구에서 50가구로 각각 이용 가구 수가 감소하였다. 정수는 100가구로 변화가 없으며, 생수는 70가구에서 140가구로 증가하였다.

따라서 사고 전에 비해 사고 후에 이용 가구 수가 감소한 식수 조달원의 수는 2개이다.

6 ④

㉡ 2014년은 전체 임직원 중 20대 이하 임직원이 차지하는 비중이 50% 이하이다.

7 ③

㉠ 2015~2017년 동안의 유형별 최종에너지 소비량 비중이므로 전력 소비량의 수치는 알 수 없다.

㉡ 2017년의 산업부문의 최종에너지 소비량은 115,155천TOE이므로 전체 최종 에너지 소비량인 193,832천TOE의 50%인 96,916천TOE보다 많으므로 50% 이상을 차지한다고 볼 수 있다.

ⓒ 2015~2017년 동안 석유제품 소비량 대비 전력 소비량의 비율은 $\dfrac{전력}{석유제품}$으로 계산하면

2015년 $\dfrac{18.2}{53.3} \times 100 = 34.1\%$,

2016년 $\dfrac{18.6}{54} \times 100 = 34.4\%$,

2017년 $\dfrac{19.1}{51.9} \times 100 = 36.8\%$이므로 매년 증가함을 알 수 있다.

ⓓ 2017년 산업부문과 가정·상업부문에서 $\dfrac{무연탄}{유연탄}$을 구하면 산업부문의 경우 $\dfrac{4,750}{15,317} \times 100 = 31\%$, 가정·상업부문의 경우 $\dfrac{901}{4,636} \times 100 = 19.4\%$이므로 모두 25% 이하인 것은 아니다.

8 ④

丁 인턴은 甲, 乙, 丙 인턴에게 주고 남은 성과급의 1/2보다 70만 원을 더 받았다고 하였으므로, 전체 성과급에서 甲, 乙, 丙 인턴에게 주고 남은 성과급을 x라고 하면

丁 인턴이 받은 성과급은 $\dfrac{1}{2}x + 70 = x$ (∵ 마지막에 받은 丁 인턴에게 남은 성과급을 모두 주는 것이 되므로), ∴ $x = 140$이다.

丙 인턴은 甲, 乙 인턴에게 주고 남은 성과급의 1/3보다 60만 원을 더 받았다고 하였는데, 여기서 甲, 乙 인턴에게 주고 남은 성과급의 2/3는 丁 인턴이 받은 140만 원 + 丙 인턴이 더 받을 60만 원이 되므로, 丙 인턴이 받은 성과급은 160만 원이다.

乙 인턴은 甲 인턴에게 주고 남은 성과급의 1/2보다 10만 원을 더 받았다고 하였는데, 여기서 甲 인턴에게 주고 남은 성과급의 1/2은 丙, 丁 인턴이 받은 300만 원 + 乙 인턴이 더 받을 10만 원이 되므로, 乙 인턴이 받은 성과급은 320만 원이다.

甲 인턴은 성과급 총액의 1/3보다 20만 원 더 받았다고 하였는데, 여기서 성과급 총액의2/3은 乙, 丙, 丁 인턴이 받은 620만 원 + 甲 인턴이 더 받을 20만 원이 되므로, 甲 인턴이 받은 성과급은 340만 원이다.

따라서 네 인턴에게 지급된 성과급 총액은 340 + 320 + 160 + 140 = 960만 원이다.

9 ④

④ 1996년 여성 실업률은 전년대비 감소하였으나, 남성 실업률은 전년대비 증가하였다.

10 ②

② 2018년 6월 이스타항공을 이용하여 인천공항에 도착한 여객 수는 82,409명으로 같은 기간 인천공항에 도착한 전체 여객 수의 $\dfrac{82,409}{1,971,675} \times 100 = $ 약 4.2%이다.

11 ①

부지 용도가 단독주택용지이고 토지사용 가능시기가 '즉시'라는 공고를 통해 계약만 이루어지면 즉시 이용이 가능한 토지임을 알 수 있다.

② 계약 체결 후 총 납입해야 할 금액은 계약금을 제외한 33,250,095,000원이다.

③ 규모 400㎡의 단독주택용지를 주택건설업자에게 분양하는 공고이다.

④ 계약금은 공급가격의 10%로 보증금이 더 적다. 표의 단위를 기억해야 한다.

12 ③

주어진 자료를 빠르게 이해하여 문제가 요구하는 답을 정확히 찾아내야 하는 문제로, NCS 의사소통능력의 빈출문서이다.

제1조에 을(乙)은 갑(甲)에게 계약금 → 중도금 → 잔금 순으로 지불하도록 규정되어 있다.

① 제1조에 중도금은 지불일이 정해져 있으나, 제5조에 '중도금 약정이 없는 경우'가 있을 수 있음이 명시되어 있다.

② 제4조에 명시되어 있다.

④ 제5조의 규정으로, 을(乙)이 갑(甲)에게 중도금을 지불하기 전까지는 을(乙), 갑(甲) 중 어느 일방이 본 계약을 해제할 수 있다. 단, 중도금 약정이 없는 경우에는 잔금 지불하기 전까지 계약을 해제할 수 있다.

13 ②

노년기 이전부터 노후준비를 적절히 하고 있는가에 대한 내용이 본론에서 다루어질 주요 내용이라고 볼 수 있다. 따라서 노후준비의 다양한 영역과 그 실태를 알아보는 내용이 본론의 핵심이라고 보아야 한다. ②와 같은 내용은 노령자들의 생활 편의시설에 관한 것이라고 볼 수 있으나, 노후준비를 위한 능동적이고 직접적인 행위로 볼 수 없다.

14 ①

상하이와 요코하마에서는 영국인에 의해 영자신문이 창간되었다고 언급했다. 그러나 주어진 글로는 이들이 서양 선교사들인지는 알 수 없다.

② 정부 차원에서 관료들에게 소식을 전하는 관보가 있었으나 민간인을 독자로 하는 신문은 개항 이후 새롭게 나타난 신문들이다.

③ 'ㅇㅇ신보'라는 용어가 유래된 것은 「상하이신보」로 영국의 민간회사에서 만들었고, '△△일보'라는 용어가 유래된 것은 「순후안일보」로 상인에 의해 창간되었다.

④ 자국민에 의한 중국어 신문은 1874년에 출간된 「순후안일보」가 최초이고, 자국민에 의한 일본어 신문은 1871년에 출간된 「요코하마마이니치신문」이 최초이다.

15 ①

(다) 무한한 지식의 종류와 양→(가) 인간이 얻을 수 있는 지식의 한계→(라) 체험으로써 배우기 어려운 지식→(나) 체험으로 배우기 위험한 지식의 예→(마) 체험으로써 모든 지식을 얻기란 불가능함

16 ②

㉠ 가산 : 더하여 셈함
㉡ 지체 : 의무 이행을 정당한 이유 없이 지연하는 일
㉢ 승낙 : 청약(請約)을 받아들이어 계약을 성립시키는 의사 표시

17 ③

아리스토텔레스는 모든 자연물이 목적을 추구하는 본성을 타고나며, 외적 원인이 아니라 내재적 본성에 따른 운동을 한다는 목적론을 제시하였다. 아리스토텔레스에 따르면 이러한 본성적 운동의 주체는 단순히 목적을 갖는 데 그치는 것이 아니라 목적을 실현할 능력도 타고난다.

18 ③

㉠ 남1의 발언에는 두 명의 성인 남녀라는 조건만 있을 뿐 민족과 국적에 대한 언급은 없다. 따라서 민족과 국적이 서로 다른 두 성인 남녀가 결혼하여 자녀를 입양한 가정은 가족으로 인정할 수 있다.

㉡ 여1은 동성 간의 결합을 가족으로 인정하고 지지할 수 있지만, 남2는 핵가족 구조를 전통적인 성역할에 기초한다고 보기 때문에 동성 간의 결합을 가족으로 인정하고 지지하지 않을 것이다.

㉢ 남2는 여성의 경제활동 참여율 증가를 전통적인 가족 기능의 위기를 가져오는 심각한 사회문제로 보고 있다. 따라서 여성의 경제활동 참여를 지원하는 아동보육시설의 확대정책보다는 아동을 돌보는 어머니에게 매월 일정액을 지급하는 아동수당 정책을 더 선호할 것이다.

㉣ 여2는 남성 혼자서 가족을 부양하기 어려운 현실을 지적하며 남녀 모두 경제활동에 참여할 수 있도록 지원하는 국가의 정책이 필요하다고 보는 입장이다. 따라서 여성 직장인이 휴직을 해야 하는 육아휴직 확대정책보다는 여성의 경제활동이 유지될 수 있도록 육아도우미의 가정파견을 전액 지원하는 국가정책을 더 선호할 것이다.

19 ④

㉠ 한국표준산업 분류표에서 대분류에 해당하는 것을 '업태'라고 한다. 업태 중에서 세분화된 사업의 분류는 '업종'이라고 한다.

㉡ 본체의 수량이 5개이고, 공급가액이 2,600,000원이므로 단가, 즉 한 단위의 가격은 520,000원임을 알 수 있다.

20 ④

국내 통화량이 증가하여 유지될 경우 장기에는 자국의 물가도 높아져 장기의 환율은 상승한다.

21 ①

둥글게 앉은 자리를 일렬로 펼쳐 생각해 볼 수 있다. 최 차장과 남 대리가 마주보고 앉았다는 것은 이 두 사람을 기준으로 양쪽으로 두 개씩 자리가 있다는 것이 된다. 또한 오 부장과 박 과장이 나란히 앉아 있으므로 오 부장과 박 과장은 최 차장과 남 대리가 둘로 가른 양쪽 중 어느 한쪽을 차지하고 앉아 있게 된다. 남 대리가 양 사원의 오른쪽에 앉았다고 했으므로 양 사원의 왼쪽은 남은 조 사원이 앉게 되는 경우만 있게 됨을 알 수 있다.

따라서 오 부장과 박 과장의 정확한 자리만 결정되지 않았으며, 이를 오 부장을 중심으로 시계 방향으로 순서대로 정리하면, 오 부장-박 과장-남 대리-양 사원-조 사원-최 차장의 순서 또는 오 부장-남 대리-양 사원-조 사원-최 차장-박 과장의 순서가 됨을 알 수 있다.

결국 조 사원의 양 옆에는 두 가지 경우에 모두 양 사원과 최 차장이 앉아 있게 된다.

22 ②

주어진 네 개의 문장은 모두 삼단논법에 의해 다음과 같이 연결될 수 있다.

'논리학 공부한 어떤 사람→~자신의 글 분석→~인문적 소양→~비판 능력→~정부 관리 자격.' 따라서 보기 ②와 같은 결론이 자연스럽게 도출될 수 있다. 이를 밴 다이어그램으로 다음과 같이 확인해 볼 수도 있다.

23 ③

제시된 명제를 기호로 나타내면 다음과 같다.

- 오 대리 출장 → 정 사원 야근
- ~남 대리 교육 → ~진급 시험 자격
- 정 사원 야근 → ~남 대리 교육

이 명제를 연결하면 '오 대리 출장→정 사원 야근→~남 대리 교육→~진급 시험 자격'이 성립한다. (대우 : 진급 시험 자격→남 대리 교육→~정 사원 야근→~오 대리 출장)

①~④의 보기를 기호로 나타내면 다음과 같으므로 항상 참인 것은 ③이다.

① ~남 대리 교육→오 대리 출장(연결 명제 중 오 대리 출장→~남 대리 교육의 역임으로 항상 참인지는 알 수 없다.)

② 정 사원 야근→오 대리 출장(첫 번째 명제의 역임으로 항상 참인지는 알 수 없다.)

③ 진급 시험 자격→~오 대리 출장(연결 명제의 대우 명제이므로 항상 참이다.)

④ ~진급 시험 자격→~오 대리 출장(주어진 명제만으로는 알 수 없다.)

24 ④

제시된 명제를 기호로 나타내면 다음과 같다.

- 자동차 → 자전거(대우 : ~자전거 → ~자동차)
- ~자동차 → ~가전제품(대우 : 가전제품 → 자동차)

이 명제를 연결하면 '~자전거 → ~자동차 → ~가전제품'이 성립한다. (대우 : 가전제품 → 자동차 → 자전거)

①~④의 보기를 기호로 나타내면 다음과 같으므로 항상 참인 것은 ④이다.

① ~자동차→~자전거(주어진 명제만으로는 알 수 없다.)

② 자전거→가전제품(주어진 명제만으로는 알 수 없다.)

③ ~가전제품→~자동차(주어진 명제만으로는 알 수 없다.)

④ 가전제품→자전거(연결 명제의 대우이므로 항상 참이다.)

25 ②

- 명제 1을 벤다이어그램으로 나타내면 전체 집합 U는 '등산을 좋아하는 사람'이 되고, 그 중 낚시를 좋아하는 사람을 표시할 수 있다.

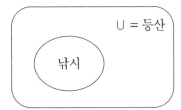

- 명제 2를 벤다이어그램으로 나타내면 다음과 같다.

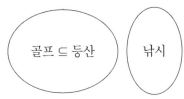

- 이 두 명제를 결합하여 벤다이어그램으로 나타내면 다음과 같다.

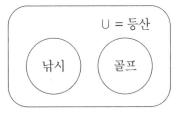

- 등산을 좋아하는 사람 중 등산과 낚시를 둘 다 좋아하는 사람과 등산만 좋아하는 사람은 골프를 좋아하지 않으므로 결론 A는 옳지 않다.
- 낚시를 좋아하는 사람은 모두 등산을 좋아하는 사람이므로 결론 B는 옳다.

26 ①

1, 2, 3층에는 각각 2가구, 3가구, 3가구가 거주하고 있으며, E, G, F가구는 2층 또는 3층에 거주해야 하는데, A와 D가구의 위치를 감안하면 E, G, F는 2층에 거주할 수밖에 없으며, A가구의 아래층에 F가구가 거주한다고 하였으므로 결국 확정적으로 알 수 있는 거주지는 다음 그림과 같다.

301호	302호	303호	304호 A가구
201호	202호 E가구	203호 G가구	204호 F가구
101호 D가구	102호	103호	104호

또한 1층에는 2가구, 2층에는 3가구, 3층에는 3가구가 거주하고 있으며, B, H, C의 조건을 감안하면 B, H, C 가구는 103호와 301호, 302호 세 군데에 나눠 거주해야 한다.

따라서 'C가구의 아래층은 항상 E가구가 거주한다.'는 302호가 반드시 C가구일 필요가 없으므로 올바른 설명이 아니다.

② 301호가 빈집이라면 302, 303호가 빈집이 아니어야 하며, 이것은 좌우 한쪽에만 옆집이 거주하는 가구가 두 가구라는 마지막 조건에 위배된다.

③ 202호는 E가구가 거주한다.

④ 201호는 빈집이 된다.

27 ③

㉠ "옆에 범인이 있다."고 진술한 경우를 ○, "옆에 범인이 없다."고 진술한 경우를 ×라고 하면

1	2	3	4	5	6	7	8	9
○	×	×	○	×	○	○	○	×
							시민	

- 9번이 범인이라고 가정하면,
9번은 "옆에 범인이 없다."고 진술하였으므로 8번과 1번 중에 범인이 있어야 한다. 그러나 8번이 시민이므로 1번이 범인이 된다. 1번은 "옆에 범인이 있다."라고 진술하였으므로 2번과 9번에 범인이 없어야 한다. 그러나 9번이 범인이므로 모순이 되어 9번은 범인일 수 없다.

- 9번이 시민이라고 가정하면,
9번은 "옆에 범인이 없다."라고 진술하였으므로 1번도 시민이 된다. 1번은 "옆에 범인이 있다."라고 진술하였으므로 2번은 범인이 된다. 2번은 "옆에 범인이 없다."라고 진술하였으므로 3번도 범인이 된다. 8번은 시민인데 "옆에 범인이 있다."라고 진술하였으므로 9번은 시민이므로 7번은 범인이 된다. 그러므로 범인은 2, 3, 7번이고 나머지는 모두 시민이 된다.

㉡ 모두가 "옆에 범인이 있다."라고 진술하면 시민 2명, 범인 1명의 순으로 반복해서 배치되므로 옳은 설명이다.

㉢ 다음과 같은 경우가 있으므로 틀린 설명이다.

1	2	3	4	5	6	7	8	9
○	○	○	○	○	○	○	×	○
범인	시민	시민	범인	시민	범인	시민	시민	시민

28 ③

1명의 투표권자가 후보자에게 줄 수 있는 점수는 1순위 5점, 2순위 3점으로 총 8점이다. 현재 투표까지 중간집계 점수가 640이므로 80명이 투표에 참여하였으며, 아직 투표에 참여하지 않은 사원은 120−80＝40명이다. 따라서 신입사원 A는 40명의 사원에게 문자를 보내야 한다.

29 ②

(가) 충전시간 당 통화시간은 A모델 6.8H > D모델 5.9H > B모델 4.8H > C모델 4.0H 순이다. 음악재생시간은 D모델 > A모델 > C모델 > B모델 순으로 그 순위가 다르다. (X)

(나) 충전시간 당 통화시간이 5시간 이상인 것은 A모델 6.8H와 D모델 5.9H이다. (O)

(다) 통화 1시간을 감소하여 음악재생 30분의 증가 효과가 있다는 것은 음악재생에 더 많은 배터리가 사용된다는 것을 의미하므로 A모델은 음악재생에, C모델은 통화에 더 많은 배터리가 사용된다. (X)

(라) B모델은 통화시간 1시간 감소 시 음악재생시간 30분이 증가한다. 현행 12시간에서 10시간으로 통화시간을 2시간 감소시키면 음악재생시간이 1시간 증가하여 15시간이 되므로 C모델과 동일하게 된다. (O)

30 ③

두 개의 제품 모두 무게가 42g 이하여야 하므로 B모델은 제외된다. K씨는 충전시간이 짧고 통화시간이 길어야 한다는 조건만 제시되어 있으므로 나머지 세 모델 중 A모델이 가장 적절하다.
친구에게 선물할 제품은 통화시간이 16시간이어야 하므로 통화시간을 더 늘릴 수 없는 A모델은 제외되어야 한다. 나머지 C모델, D모델은 모두 음악재생시간을 조절하여 통화시간을 16시간으로 늘릴 수 있으며 이때 음악재생시간 감소는 C, D모델이 각각 8시간(통화시간 4시간 증가)과 6시간(통화시간 3시간 증가)이 된다. 따라서 두 모델의 음악재생 가능시간은 15 − 8 ＝ 7시간, 18 − 6 ＝ 12시간이 된다. 그런데 일주일 1회 충전하여 매일 1시간씩의 음악을 들을 수 있으면 된다고 하였으므로 7시간 이상의 음악재생시간이 필요하지는 않으며, 7시간만 충족될 경우 고감도 스피커

제품이 더 낫다고 요청하고 있다. 따라서 D모델보다 C모델이 더 적절하다는 것을 알 수 있다.

31 ④

리더는 변화를 두려워하지 않아야 하며 리스크를 극복할 자질을 키워야 한다. 위험을 감수해야 할 이유가 합리적이고, 목표가 실현가능한 것이라면 직원들은 기꺼이 변화를 향해 나아갈 것이며 위험을 선택한 자신에게 자긍심을 가지며 좋은 결과를 이끌어내고자 지속적으로 노력할 것이다.

32 ①

다. 과정과 방법이 아닌 결과에 초점을 맞추어야 한다.
마. 개인의 강점과 능력을 최대한 활용하여야 한다.
바. 팀원 간에 리더십 역할을 공유하며 리더로서의 능력을 발휘할 기회를 제공하여야 한다.
아. 직접적이고 솔직한 대화, 조언 등을 통해 개방적인 의사소통을 하며 상대방의 아이디어를 적극 활용하여야 한다.

※ 효과적인 팀의 핵심적인 특징으로는 다음과 같은 것들이 있다.
　㉠ 팀의 사명과 목표를 명확하게 기술한다.
　㉡ 창조적으로 운영된다.
　㉢ 결과에 초점을 맞춘다.
　㉣ 역할과 책임을 명료화시킨다.
　㉤ 조직화가 잘되어 있다.
　㉥ 개인의 강점을 활용한다.
　㉦ 리더십 역량을 공유하며 구성원 상호 간에 지원을 아끼지 않는다.
　㉧ 팀 풍토를 발전시킨다.
　㉨ 의견의 불일치를 건설적으로 해결한다.
　㉩ 개방적으로 의사소통한다.
　㉪ 객관적인 결정을 내린다.
　㉫ 팀 자체의 효과성을 평가한다.

33 ①

두 번째 단계인 상호 이해 단계에서 행해지는 행위로는 갈등문제의 진행상황과 현재의 상황 점검, 적극적인 경청과 자기주장 제시, 협상을 위한 협상대상 안건을 결정 등이 있다.
② 협상 시작의 단계
③ 실질 이해의 단계
④ 해결 대안의 단계

34 ①

갈등을 성공적으로 해결하기 위한 방안의 하나로, 내성적이거나 자신을 표현하는 데 서투른 팀원을 격려해주는 것이 중요하며, 이해된 부분을 검토하고 누가 옳고 그른지에 대해 논쟁하는 일은 피하는 것이 좋다.

35 ④

㈎는 첫 번째 경청의 단계에 해당하는 말이다. 정보파악 단계에서는 문제해결을 위해 꼭 필요한 질문만 하여 정보를 얻고, 최선의 해결방법을 찾기 어려우면 고객에게 어떻게 해주면 만족스러운지를 묻는 일이 이루어지게 된다.

36 ①

• 1단계

9	3	8	1	5	9	3	3	4	7	1	2
×1	×3	×1	×3	×1	×3	×1	×3	×1	×3	×1	×3
=9	=9	=8	=3	=5	=27	=3	=9	=4	=21	=1	=6

• 2단계 : 9 + 9 + 8 + 3 + 5 + 27 + 3 + 9 + 4 + 21 + 1 + 6 = 105
• 3단계 : 105 ÷ 10 = 10 나머지 5
• 4단계 : 10 − 5 = 5

따라서 체크기호는 5가 된다.

37 ②

기업의 내부고발에 대한 문제이다. 내부고발자는 자신의 업무에서 알게 된 조직 내 불법 행위나 위험한 활동에 우려를 제기하는 사람이다. 따라서 내부고발과 개인적인 불평불만은 구분돼야 하며 이 둘은 별도의 보고체계를 갖는 것이 중요하다. 일반적인 고충신고라인은 복리후생을 담당하는 인사부와 연결되며, 내부고발의 문제는 이보다 훨씬 중요한 사안이므로 근본적이고 독립적인 내부고발 시스템으로 다루어져야 할 문제이다.

38 ①

제시된 내용 이외에도 채용비리 근절을 위하여 취할 수 있는 방법으로, 수사결과 등으로 밝혀진 부정합격자에 대해서는 채용취소 근거규정을 마련하고 응시자격을 제한하는 조치도 고려할 수 있다. 또한 채용 과정의 투명성을 확보하고 내부 점검을 보다 강화하기 위하여 외부 시험위원을 과반수이상 구성토록 명시하는 것도 좋은 방법이 될 수 있다. 이 밖에도 이해당사자 구체화, 블라인드 방식 강화, 채용관련 문서 영구 보존 의무화 등을 통해 채용비리 근절을 앞당길 수 있을 것이다.

39 ③

비공식조직은 자발적으로 형성된 조직으로 구조나 규정 등이 조직화되어 있지 않아야 한다. 또한 비영리조직은 이윤 추구가 아닌 공익을 추구하는 기관이나 단체가 해당되므로 주어진 보기에서는 계모임과 종교단체가 각각 비공식조직과 비영리조직에 해당된다고 볼 수 있다.

40 ②

차별화 전략과 원가우위 전략이 전체 시장을 상대로 하는 전략인 반면, 집중화 전략은 특정 시장을 대상으로 한다. 따라서, 고객층을 세분화하여 타겟 고객층에 맞는 맞춤형 전략을 세울 필요가 있다. 타겟 고객층에 자사가 가진 특정 역량이 발휘되어 판매를 늘릴 수 있는 전략이라고 할 수 있다.

41 ①

EOMONTH(start_date, months) 함수는 시작일에서 개월수만큼 경과한 이전/이후 월의 마지막 날짜를 반환한다. 따라서 [C3] 셀에 있는 날짜 2014년 3월 22일의 1개월이 지난 4월의 마지막 날은 30일이다.

42 ③

'A'와 'B'가 번갈아 가면서 나타나므로 [A5] 셀에는 'A'가 입력되고 13.9에서 1씩 증가하면서 나타나므로 [B5] 셀에는 '17.9'가 입력된다.

43 ④

POWER(number, power) 함수는 number 인수를 power 인수로 제곱한 결과를 반환한다. 따라서 5의 3제곱은 125이다.

44 ③

MID(text, start_num, num_chars)는 텍스트에서 원하는 문자를 추출하는 함수이다. 주민등록번호가 입력된 [B1] 셀에서 8번째부터 1개의 문자를 추출하여 1이면 남자, 2면 여자라고 하였으므로 답이 ③이 된다.

45 ④

구하고자 하는 값은 "생산부 사원"의 승진시험 점수의 평균이다. 주어진 조건에 따른 평균값을 구하는 함수는 AVERAGEIF와 AVERAGEIFS인데 조건이 1개인 경우에는 AVERAGEIF, 조건이 2개 이상인 경우에는 AVERAGEIFS를 사용한다.
[=AVERAGEIFS(E3:E20,B3:B20,"생산부",C3:C20,"사원")]

46 ③

2011년 10월 생산품이므로 1110의 코드가 부여되며, 일본 '왈러스' 사는 5K, 여성용 02와 블라우스 해당 코드 006, 10,215번째 입고품의 시리얼 넘버 10215가 제품 코드로 사용되므로 1110 - 5K - 02006 - 10215 가 된다.

47 ③

2008년 10월에 생산되었으며, 멕시코 Fama사의 생산품이다. 또한, 아웃도어용 신발을 의미하며 910번째로 입고된 제품임을 알 수 있다.

48 ①

기능의 다양화는 자사의 강점에 해당되며, 신흥시장의 잠재 수요를 기대할 수 있어 이를 연결한 전략으로 적절한 ST 전략이라고 할 수 있다.
② 휴대기기의 대중화(O)에 힘입어 MP3폰의 성능 강화(T)
③ 다양한 기능을 추가(S)한 판매 신장으로 이익 확대(W)
④ 휴대용 기기 보급 확대(O)에 따라 디지털기기와 차별화된 제품 개발(T)

49 ③

충전소 건설 및 개인용 충전기 보급은 결국 자사가 확보한 전기차용 전지의 경쟁력(S)을 바탕으로 수행할 수 있는 일일 것이며, 이를 통해 시장을 개척하는 것은 불확실한 시장성(T)을 스스로 극복할 수 있는 적절한 전략이 될 것이다.
① 충분한 개발비용(S)을 이용해 경쟁력 있는 소재 개발(T)
② 환경오염을 우려하는 시대적 분위기(O)에 맞춰 전기차 시장 활성화를 위한 홍보 강화(T)
④ 저개발 지역에 구축한 자사의 설비 인프라를 활용(S)하여 생산기지 국내 이전(W) 시도

50 ③

네트워크와 유통망이 다양한 것은 자사의 강점이며 이를 통하여 심화되고 있는 일본 업체와의 경쟁을 우회하여 돌파할 수 있는 전략은 주어진 환경에서 적절한 ST전략이라고 볼 수 있다.
① 세제 혜택(O)을 통하여 환차손 리스크 회피 모색(T)
② 타 해외 조직의 운영 경험(S)을 살려 업무 효율성 벤치마킹(W)
④ 해외 진출 경험으로 축적된 우수 인력(S) 투입으로 업무 누수 방지(W)

제2회 정답 및 해설

1 ④

터널을 완전히 통과한다는 것은 터널의 길이에 열차의 길이를 더한 것을 의미한다. 따라서 열차의 길이를 x라 하면, '거리 = 시간 × 속력'을 이용하여 다음과 같은 공식이 성립한다.

$(840 + x) \div 50 = 25$

따라서 이를 풀면 $x = 410m$가 된다.

이 열차가 1,400m의 터널을 통과하게 되면

$(1,400 + 410) \div 50 = 36.2$초가 걸리게 된다.

2 ②

양 대리가 1시간 동안 할 수 있는 일률은 120÷2=60이며, 박 사원이 1시간 동안 할 수 있는 일률은 120÷3=40이 된다.

양 대리가 80개 지역의 현황을 정리하는 데 필요한 시간은 80÷60=1.3시간이다. 두 사람이 함께 일을 할 경우의 일률은 60+40=100이므로 나머지 40개를 두 사람이 함께 작업하여 완료하기 위해서는 0.4시간이 필요하게 된다.

따라서 1.3시간 + 0.4시간 = 1.7시간이 된다.

3 ③

각 계급에 속하는 정확한 변량을 알 수 없는 경우에는 중간값인 계급값을 사용하여 평균을 구할 수 있다. 따라서 빈칸의 인원수를 x로 두고 다음과 같이 계산한다.

$\{(10 \times 10) + (30 \times 20) + (50 \times 30) + (70 \times x) + (90 \times 25) + (110 \times 20)\} \div (10 + 20 + 30 + x + 25 + 20) = 65$

이를 정리하면 $(6,650 + 70x) \div (105 + x) = 65$가 된다. 이것은 다시 $6,650 + 70x = 6,825 + 65x \rightarrow 5x = 175$가 되어 $x = 35$명이 된다.

4 ③

9~12시 사이에 출국장 1/2를 이용한 사람 수는 2,176명으로 이날 오전 출국장 1/2를 이용한 사람 수의 50% 이하이다.

5 ③

3/4 분기 성과평가 점수는 $(10 \times 0.4) + (8 \times 0.4) + (10 \times 0.2) = 9.2$로, 성과평가 등급은 A이다. 성과평가 등급이 A이면 직전 분기 차감액의 50%를 가산하여 지급하므로, 2/4 분기 차감액인 20만 원(∵ 2/4 분기 성과평가 등급 C)의 50%를 가산한 110만 원이 성과급으로 지급된다.

6 ④

그룹의 직원 수를 x명이라고 할 때,

$x \times 500,000 \times (1 - 0.12) > 50 \times 500,000 \times (1 - 0.2)$

$x > \dfrac{40}{0.88} = 45.4545 \cdots$

따라서 46명 이상일 때 50명의 단체로 입장하는 것이 유리하다.

7 ②

1차 캠페인에 참여한 1~3년차 직원 수를 x라고 할 때, 1년차 직원 수를 기준으로 식을 세우면

$\dfrac{23}{100} \times x + 20 = (x + 20) \times \dfrac{30}{100}$

$23x + 2,000 = 30x + 600$

$7x = 1,400, \ x = 200$

따라서 1차 캠페인에 참여한 1~3년차 직원은 200명이다.

8 ④

의자수를 x라고 하면, 사람 수는 $8x+5$와 $10(x-2)+7$으로 나타낼 수 있다.

두 식을 연립하여 풀면

$8x+5=10(x-2)+7$, $x=9$

따라서 의자의 개수는 9개이다.

9 ③

주어진 표는 2017년 및 2018년 상반기 동기간 동안의 5대 범죄 발생을 분석한 것이다. 약간의 차이는 있으나 전반적으로 보면 2017년에는 1,211건, 이에 대비 2018년에는 발생 범죄가 934건으로 감소됨을 알 수 있다. 그러므로 범죄다발지역에 대해 치안 담당자들이 해당 지역에 대한 정보를 공유하여 범죄의 발생 및 검거에 치안역량을 집중했음을 알 수 있다.

10 ①

2단계에 따라 5개 이상의 구슬이 있던 한 묶음에서 다른 묶음으로 5개의 구슬을 옮기면 10개, 6개의 묶음이 되는데, 3단계에 따라 두 묶음을 각각 두 묶음씩으로 다시 나누어 각각 1개, 5개, 5개, 5개의 네 묶음이 되도록 할 수 있다.

11 ③

1천만 원 이상의 과태료가 내려지게 되면 공표 조치의 대상이 되나, 모든 공표 조치 대상자들이 과태료를 1천만 원 이상 납부해야 하는 것은 아니다. 예컨대, 최근 3년 내 시정조치 명령을 2회 이상 받은 경우에도 공표 대상에 해당되므로, 과태료 금액에 의한 공표 대상자 자동 포함 이외에도 공표 대상에 포함될 경우가 있게 되어 반드시 1천만 원 이상의 과태료가 공표 대상자에게 부과된다고 볼 수는 없다.

① 행정 처분의 종류를 처분 강도에 따라 구분하였으며, 이에 따라 가장 무거운 조치가 공표인 것으로 판단할 수 있다.

② 7가지 공표기준의 5번째와 6번째 내용은 반복적이거나 지속적인 위반 행위에 대한 제재를 의미한다고 볼 수 있다.

④ 과태료 또는 과징금 처분 시에 공표 사실을 대상자에게 사전 통보하게 된다.

12 ②

LID에 대한 설명을 주 내용으로 하는 글이므로 용어의 소개와 주요 국가별 기술 적용 방식을 언급하고 있는 (나) 단락이 가장 먼저 놓여야 할 것이다. 국가별 간략한 소개에 이어 (가)에서와 같이 우리나라의 LID 기법 적용 사례를 소개하는 것이 자연스러운 소개의 방식으로 볼 수 있다. (다)와 (라)에서는 논지가 전환되며 앞서 제시된 LID 기법에 대한 활용 방안에 대하여 소개하고 있는 바, (라)에서 시급히 보완해야 할 문제점이 제시되며 한국 그린인프라 · 저영향 개발 센터를 소개하였고, 이 곳에서의 활동 내역과 계획을 (다)에서 구체적으로 제시하고 있다. 따라서 (나) - (가) - (라) - (다)의 순서가 가장 자연스러운 문맥의 흐름으로 볼 수 있다.

13 ④

결원이 생겼을 때에는 그대로 추가 선발 없이 채용을 마감할 수 있으며, 추가합격자를 선발할 경우 반드시 차순위자를 선발하여야 한다.

① 모든 응시자는 1인 1개 분야만 지원할 수 있다.

② 입사지원서 작성 내용과 다르게 된 결과이므로 취소 처분이 가능하다.

③ 지원자가 채용예정인원 수와 같거나 미달하더라도 적격자가 없는 경우 선발하지 않을 수 있다.

14 ③

위 글은 귀솟음 기법에 대해 설명하고 있지만 ⓒ은 '안쏠림 기법은 착시 현상을 교정하는 효과가 크지 않다'고 하여 글의 흐름을 해치고 있다.

15 ④

④ 걷잡을 수 없어진 지구 온난화에 적응을 하지 못한 식물들이 한꺼번에 죽어 부패하면 그 속에 가두어져 있는 탄소가 대기로 방출된다고 언급하고 있다. 따라서 생명체가 소멸되면 탄소 순환 고리가 끊길 수 있지만, 대기 중의 탄소가 사라지는 것은 아니다.

16 ④

제시된 문서는 보도자료이다.

④ 보도자료는 정부기관이나 기업체 등이 언론을 상대로 자신들의 정보를 기사화 되도록 하기 위해 보내는 자료이다.

① 보고서

② 기안서

③ 기획서

17 ②

② 그 어떤 학습 시스템도 아무런 가정 없이 학습을 시작할 수는 없는 법이다. 자신이 어떤 문제에 부딪히게 될지, 그 문제로부터 어떻게 학습할 수 있을지 등의 가정도 없는 시스템이라면 그 시스템은 결국 아무 것도 배울 수 없다.(2문단)

①③ 1문단

④ 2문단

18 ③

③ 정밀안점검사는 설치 후 15년이 도래하거나 결함 원인이 불명확한 경우, 중대한 사고가 발생하거나 또는 그 밖에 행정안전부장관이 정한 경우에 실시한다. 에스컬레이터에 쓰레기가 끼이는 단순한 사고가 발생하여 수리한 경우에는 수시검사를 시행하는 것이 적절하다.

19 ④

④ 쇼핑카트나 유모차, 자전거 등을 가지고 층간 이동을 쉽게 할 수 있도록 승강기를 설치하는 경우에는 계단형의 디딤판을 동력으로 오르내리게 한 에스컬레이터보다 평면의 디딤판을 동력으로 이동시키게 한 무빙워크가 더 적합하다.

20 ④

밑줄 친 '늘리고'는 '시간이나 기간이 길어지다.'의 뜻으로 쓰였다. 따라서 이와 의미가 동일하게 쓰인 것은 ④이다.

① 물체의 넓이, 부피 따위를 본디보다 커지게 하다.

② 살림이 넉넉해지다.

③ 힘이나 기운, 세력 따위가 이전보다 큰 상태가 된다.

21 ③

주어진 조건에서 확정 조건은 다음과 같다.

B, F	A, ( )	C, D, E 중 2명
( )	갑	( )

그런데 세 번째 조건에서 을은 C와 F에게 교육을 하지 않았다고 하였으므로 F가 있는 조와 이미 갑이 교육을 하는 조를 맡지 않은 것이 된다. 따라서 맨 오른쪽은 을이 되어야 하고 남는 한 조인 B, F조는 병이 될 수밖에 없다.

또한 이 경우, 을이 C를 교육하지 않았다고 하였으므로 을의 조는 D와 E가 남게 되며, C는 A와 한 조가 되어 결국 다음과 같이 정리될 수 있다.

B, F	A, C	D, E
병	갑	을

따라서 선택지 ③에서 설명된 'C는 갑에게 교육을 받는다.'가 정답이 된다.

22 ④

날짜를 따져 보아야 하는 유형의 문제는 아래와 같이 달력을 그려서 살펴보면 어렵지 않게 정답을 구할 수 있다.

일	월	화	수	목	금	토
	1	2	3	4	5	6
7	8	9	10	11	12	13
14	15	16	17	18	19	20
21	22	23	24	25	26	27
28	29	30	31			

1일이 월요일이므로 정 대리는 위와 같은 달력에 해당하는 기간 중에 출장을 가려고 한다. 3박 4일 일정 중 출발과 도착일 모두 휴일이 아니어야 한다면 월~목요일, 화~금요일, 금~월요일 세 가지의 경우의 수가 생기는데, 현지에서 복귀하는 비행편이 화요일과 목요일이므로 월~목요일의 일정을 선택해야 한다. 회의가 셋째 주 화요일이라면 16일이므로 그 이후 가능한 월~목요일은 두 번이 있으나, 마지막 주의 경우 도착일이 다음 달로 넘어가게 되므로 조건에 부합되지 않는다. 따라서 출장 출발일로 적절한 날은 22일이며 일정은 22~25일이 된다.

23 ②

팀장별 순위에 대한 가중치는 모두 동일하다고 했으므로 1~4순위까지를 각각 4, 3, 2, 1점씩 부여하여 점수를 산정해 보면 다음과 같다.

갑 : 2+4+1+2=9

을 : 4+3+4+1=12

병 : 1+1+3+4=9

정 : 3+2+2+3=10

따라서 〈보기〉의 설명을 살펴보면 다음과 같다.

㈎ '을' 또는 '정' 중 한 명이 입사를 포기하면 '갑'과 '병'이 동점자이나 A팀장이 부여한 순위가 높은 '갑'이 채용되게 된다.

㈏ A팀장이 '을'과 '정'의 순위를 바꿨다면, 네 명의 순위에 따른 점수는 다음과 같아지므로 바꾸기 전과 동일하게 '을'과 '정'이 채용된다.

갑 : 2+4+1+2=9

을 : 3+3+4+1=11

병 : 1+1+3+4=9

정 : 4+2+2+3=11

㈐ 이 경우 네 명의 순위에 따른 점수는 다음과 같아지므로 '정'은 채용되지 못한다.

갑 : 2+1+1+2=6

을 : 4+3+4+1=12

병 : 1+4+3+4=12

정 : 3+2+2+3=10

24 ②

확정 조건은 갑이 3위라는 것이다. 또한 사이에 세 사람이 있는 경우는 1위와 5위, 2위와 6위의 경우밖에 없다. 그런데 (다)에서 을은 정과 무 사이에 있다고 했으므로 1위가 될 수 없다. 따라서 '정 – ( ) – ( ) – ( ) – 무'가 1위~5위를 나타내고 '을 – ( ) – ( ) – ( ) – 기'가 2위~6위의 순위 관계를 나타내는 것임을 알 수 있다. 이것을 ㈎와 함께 다시 정리하면 '정 – 을 – 갑 – ( ) – 무 – 기'가 되므로 4위는 병이 된다.

25 ②

㉠ **설립방식** : {(고객만족도 효과의 현재가치) – (비용의 현재가치)}의 값이 큰 방식 선택

- ㈎ 방식 : 5억 원 – 3억 원 = 2억 원→선택
- ㈏ 방식 : 4.5억 원 – (2억 원 + 1억 원 + 0.5억 원) = 1억 원

㉡ **설립위치** : {(유동인구) × (20~30대 비율) / (교통혼잡성)} 값이 큰 곳 선정(20~30대 비율이 50% 이하인 지역은 선정대상에서 제외)

- 甲 : 80 × 75 / 3 = 2,000
- 乙 : 20~30대 비율이 50%이므로 선정대상에서 제외
- 丙 : 75 × 60 / 2 = 2,250 → 선택

26 ④

甲 국장은 전체적인 근로자의 주당 근로시간 자료 중 정규직과 비정규직의 근로시간이 사업장 규모에 따라 어떻게 다른지를 비교하고자 하는 것을 알 수 있다. 따라서 국가별, 연도별 구분 자료보다는 ④와 같은 자료가 요청에 부합하는 적절한 자료가 된다.

27 ④

선거 결과와 의석 배분의 규칙에 따라 당선된 후보를 정리하면 다음과 같다.

정당	후보	제1 선거구	제2 선거구	제3 선거구	제4 선거구
A	1번	당선	당선		당선
	2번				
B	1번	당선	당선	당선	
	2번			당선	
C	1번				당선
	2번				

④ 가장 많은 당선자를 낸 정당은 4명의 후보가 당선된 B정당이다.

① A정당은 제3선거구에서 의석을 차지하지 못 했다.

② B정당은 제4선거구에서 의석을 차지하지 못 했다.

③ C정당의 후보가 당성된 곳은 제4선거구이다.

28 ④
- 甲 일행
- 입장료 : 다자녀 가정에 해당하여 입장료가 면제된다.
- 야영시설 및 숙박시설 요금 : 5인용 숙박시설 성수기 요금인 85,000원이 적용되어 3박의 요금은 255,000원이다.
- 총요금 : 0원+255,000원=255,000원
- 乙 일행
- 입장료 : 동절기에 해당하여 입장료가 면제된다.
- 야영시설 및 숙박시설 요금 : 비수기이고 일행 중 장애인이 있어 야영시설 요금이 50% 할인된다. 따라서 30,000 × 0.5 × 6=90,000원이다.
- 총요금 : 0원+90,000원=90,000원
- 丙 일행
- 입장료 : 1,000 × 10 × 3 = 30,000원
- 야영시설 및 숙박시설 요금 : 10,000 × 9박=90,000원
- 총요금 : 30,000+90,000=120,000원

따라서 총요금이 가장 큰 甲 일행의 금액과 가장 작은 乙 일행의 금액 차이는 255,000−90,000=165,000원이다.

29 ③

7개의 지사 위치를 대략적으로 나타내면 다음과 같다.

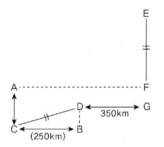

따라서 A에서 가장 멀리 떨어진 지사는 E이다.

30 ④
① 초청장은 회신을 요하지 않으므로 '회신 요망'을 기재하지 않는다.
② 우편번호는 5자리로 작성해야 한다.
③ 발신자 명은 회사명과 한 줄 정도의 간격을 두고 작성해야 한다. 수신자 명도 동일하다.

31 ④

최 사장은 공장장 교체 요구를 철회시켜 자신에게 믿음을 보여 준 직원을 계속 유지시킬 수 있었고, 노조 측은 처우 개선과 임금 인상 요구를 관철시켰으므로 'win−win'하였다고 볼 수 있다. 통합형은 협력형(collaborating)이라고도 하는데, 자신은 물론 상대방에 대한 관심이 모두 높은 경우로서 '나도 이기고 너도 이기는 방법(win−win)'을 말한다. 이 방법은 문제해결을 위하여 서로 간에 정보를 교환하면서 모두의 목표를 달성할 수 있는 해법을 찾는다. 아울러 서로의 차이를 인정하고 배려하는 신뢰감과 공개적인 대화를 필요로 한다. 통합형이 가장 바람직한 갈등해결 유형이라 할 수 있다.

32 ④

대결 국면에서의 핵심 사항은 상대방의 입장에 대한 무비판적인 부정이며, 격화 국면에서는 설득이 전혀 효과를 발휘할 수 없게 된다. 진정 국면으로 접어들어 비로소 협상이라는 대화가 시작되며 험난한 단계를 거쳐 온 갈등은 이때부터 서서히 해결의 실마리가 찾아지게 된다.

33 ②

권위 전략이란 직위나 전문성, 외모 등을 이용하면 협상 과정상의 갈등해결에 도움이 될 수 있다는 것이다. 설득기술에 있어서 권위란 직위, 전문성, 외모 등에 의한 기술이다. 사람들은 자신보다 더 높은 직위, 더 많은 지식을 가지고 있다고 느끼는 사람으로부터 설득 당하기가 쉽다. 계장의 말씀보다 국장의 말씀에 더 권위가 있고 설득력이 높다. 비전문가보다 전문가의 말에 더 동조하게 된다. 전문성이 있는 사람이 그렇지 않은 사람보다 더 권위와 설득력이 있다.

34 ④

리더십의 일반적인 개념에는 다음과 같은 것들이 있다.
- 조직성원들로 하여금 조직목표를 위해 자발적으로 노력하도록 영향을 주는 행위
- 목표달성을 위하여 어떤 사람이 다른 사람에게 영향을 주는 행위

- 어떤 주어진 상황 내에서 목표달성을 위해 개인 또는 집단에 영향력을 행사하는 과정
- 자신의 주장을 소신 있게 나타내고 다른 사람들을 격려하는 힘

따라서 A부장, B부장, D부장이 리더십을 갖춘 리더의 경우라 할 수 있고, C부장은 리더가 아닌 관리자의 경우이다. 유지 지향적이고 리스크를 회피하려는 태도는 전형적인 관리자의 태도이며, 리더의 모습이라고 할 수 없다.

35 ④

협상은 보통 '협상 시작' → '상호 이해' → '실질 이해' → '해결 대안' → '합의 문서'의 다섯 단계로 구분한다. 제시된 내용은 각각 다음과 같은 단계로 구분해 볼 수 있다.

㈎ 합의 문서

㈏ 해결 대안

㈐ 실질 이해

㈑ 상호 이해

36 ④

그림과 같은 조직 구조는 하나의 의사결정권자의 지시와 부서별 업무 분화가 명확해, 전문성은 높아지고 유연성 및 유기성은 떨어지는 조직 구조라고 볼 수 있다. 또한 의사결정권자가 한 명으로 집중되면서 내부 효율성이 확보된다.

① 조직의 유기적인 협조체제가 구축된 구조는 아니다.

② 의사결정 권한이 집중된 조직 구조이다.

③ 유사한 업무를 통한 내부 경쟁을 유발할 수 있는 구조는 사업별 조직 구조이다.

37 ③

우수한 인재를 채용하고자 하는 등의 기본 방침을 설정하는 일은 조직 경영자로서의 역할이라 할 수 있으나, 그에 따른 구체적인 채용 기준을 마련하는 일은 해당 산하 조직의 역할이라고 보아야 한다.

38 ③

③ 최 이사와 노 과장의 동반 해외 출장 보고서는 최 이사가 임원이므로 사장이 최종 결재권자가 되어야 하는 보고서가 된다.

① 직원의 휴가는 본부장이 최종 결재권자이다.

② 직원의 해외 출장은 본부장이 최종 결재권자이다.

④ 백만 불을 기준으로 결재권자가 달라진다.

39 ①

비용이 집행되기 위해서는 비용을 쓰게 될 조직의 내부 결재를 거쳐 회사의 비용이 실제로 집행될 수 있는 회계팀(자금팀 등과 같은 비용 담당 조직)의 결재를 거쳐야 한다. 퇴직금의 정산과 관련한 인사 문제는 인사팀에서 담당하고 있는 업무가 된다. 또한, 회사의 차량을 사용하기 위한 배차 관련 업무는 일반적으로 총무팀이나 업무지원팀, 관리팀 등의 조직에서 담당하는 업무이다. 따라서 회계팀, 인사팀, 총무팀의 순으로 업무 협조를 구해야 한다.

40 ④

리더는 변화를 두려워하지 않아야 하며 리스크를 극복할 자질을 키워야 한다. 위험을 감수해야 할 이유가 합리적이고, 목표가 실현가능한 것이라면 직원들은 기꺼이 변화를 향해 나아갈 것이며 위험을 선택한 자신에게 자긍심을 가지며 좋은 결과를 이끌어내고자 지속적으로 노력할 것이다.

41 ④

최 사장은 공장장 교체 요구를 철회시켜 자신에게 믿음을 보여 준 직원을 계속 유지시킬 수 있었고, 노조 측은 처우 개선과 임금 인상 요구를 관철시켰으므로 'win-win'하였다고 볼 수 있다. 통합형은 협력형(collaborating)이라고도 하는데, 자신은 물론 상대방에 대한 관심이 모두 높은 경우로서 '나도 이기고 너도 이기는 방법(win-win)'을 말한다. 이 방법은 문제 해결을 위하여 서로 간에 정보를 교환하면서 모두의 목표를 달성할 수 있는 해법을 찾는다. 아울러 서로의 차이를 인정하고 배려하는 신뢰감과 공개적인 대화를 필요로 한다. 통합형이 가장 바람직한 갈등해결 유형이라 할 수 있다.

42 ②

최근 사회적 문제로 대두되고 있는 갑질 문제의 근원을 설명하고 있는 글이다. 갑질은 계약 권리에 있어 쌍방을 의미하는 갑을(甲乙) 관계에서 상대적으로 우위에 있는 '갑'이 우월한 신분, 지위, 직급, 위치 등을 이용하여 상대방에 오만무례하게 행동하거나 이래라 저래라 하며 제멋대로 구는 행동을 말한다. 갑질의 범위에는 육체적, 정신적 폭력, 언어폭력, 괴롭히는 환경 조장 등이 해당된다.

43 ②

이러한 정직과 신용을 구축하기 위한 4가지 지침으로 다음과 같은 것들이 있다.
㉠ 정직과 신뢰의 자산을 매일 조금씩 쌓아가자.
㉡ 잘못된 것도 정직하게 밝히자.
㉢ 정직하지 못한 것을 눈감아 주지 말자.
㉣ 부정직한 관행은 인정하지 말자.

44 ③

선택지에 주어진 직업윤리 덕목은 다음과 같이 설명될 수 있다.
• 소명의식 : 자신이 맡은 일은 하늘에 의해 맡겨진 일이라고 생각하는 태도
• 천직의식 : 자신의 일이 자신의 능력과 적성에 꼭 맞는다 여기고 그 일에 열성을 가지고 성실히 임하는 태도
• 직분의식 : 자신이 하고 있는 일이 사회나 기업을 위해 중요한 역할을 하고 있다고 믿고 자신의 활동을 수행하는 태도
• 책임의식 : 직업에 대한 사회적 역할과 책무를 충실히 수행하고 책임을 다하는 태도
• 전문가의식 : 자신의 일이 누구나 할 수 있는 것이 아니라 해당 분야의 지식과 교육을 밑바탕으로 성실히 수행해야만 가능한 것이라 믿고 수행하는 태도
• 봉사의식 : 직업 활동을 통해 다른 사람과 공동체에 대하여 봉사하는 정신을 갖추고 실천하는 태도

45 ①

㉠ 1회전

5	3	8	1	2

1	3	8	5	2

㉡ 2회전

1	3	8	5	2

1	2	8	5	3

46 ④

㉠ 1회전

55	11	66	77	22

11	55	66	77	22

㉡ 2회전

11	55	66	77	22

11	22	66	77	55

㉢ 3회전

11	22	66	77	55

11	22	55	77	66

47 ②

한 셀에 두 줄 이상 입력하려고 하는 경우 줄을 바꿀 때는 〈Alt〉+〈Enter〉를 눌러야 한다.

48 ①

① #NAME? : 지정하지 않은 이름을 사용한 때나 함수 이름을 잘못 사용한 때, 인식할 수 없는 텍스트를 수식에 사용했을 때
② #REF! : 수식이 있는 셀에 셀 참조가 유효하지 않을 때
③ #VALUE! : 잘못된 인수나 피연산자를 사용하거나 수식 자동고침 기능으로 수식을 고칠 수 없을 때
④ #DIV/0 : 나누는 수가 빈 셀이나 0이 있는 셀을 참조하였을 때

49 ①

RANK(number, ref, [order]) : number는 순위를 지정하는 수이므로 B2, ref는 범위를 지정하는 것이므로 $B$2:$B$8이다. order는 0이나 생략하면 내림차순으로 순위가 매겨지고 0이 아닌 값을 지정하면 오름차순으로 순위가 매겨진다.

50 ④

단축키 Alt + V는 다른 이름으로 저장하기를 실행한다.

① 불러오기 : Alt + O

② 모두 선택 : Ctrl + A

③ 저장하기 : Alt + S

제3회 정답 및 해설

1 ④

A회사가 R제품, B회사가 Y제품을 판매하였을 때가 $11-3=8$억 원으로 수익의 합이 가장 크게 된다.

2 ③

3분기에는 B회사의 수익이 분기별 증감 분포표에 따라 바뀌게 되므로 다음과 같은 수익체계표가 작성될 수 있다.

		B회사		
		X제품	Y제품	Z제품
A회사	P 제품	(4, −2.4)	(5, −1.3)	(−2, 7.5)
	Q 제품	(−1, −1.6)	(3, 2.8)	(−1, 10.5)
	R 제품	(−3, 6)	(11, −3.9)	(8, −1)

따라서 Q제품과 X제품을 판매할 때의 수익의 합이 $-1-1.6=-2.6$억 원으로 가장 적은 것을 알 수 있다.

① R제품, Y제품 조합에서 Q제품, Z제품의 조합으로 바뀌게 된다.

② X제품은 R제품과 함께 판매하였을 때의 수익이 3억 원으로 가장 크게 된다.

④ 3분기의 수익액 합이 가장 큰 제품은 Z제품이다.

3 ④

Y자전거업체의 부가가치는 판매액(10만 원)에서 중간에 사용된 자재 투입비용(자전거 몸체 2만 원+바퀴 2개 2만 원)을 뺀 6만 원이 된다. 임금 3만 원, 세금 1만 원, 배당 1만 원은 모두 창출된 부가가치를 분배하는 과정으로 보아야 하며, 분배되지 않은 1만 원은 Y자전거업체의 유보금이 된다.

4 ②

문제의 내용을 나타내면 아래와 같이 표현할 수 있다.

공급지＼수요지	수요지1	수요지2	공급량
공급지1	10원	5원	700톤
공급지2	8원	15원	500톤
공급지3	6원	10원	300톤
수요량	700톤	800톤	1,500톤

공급자는 최소의 비용이 드는 곳을 순서대로 정하여 가면 되므로 700톤 × 5원 + 300톤 × 6원 + 400톤 × 8원 + 100톤 × 15원 = 3,500원 + 1,800원 + 3,200원 + 1,500원 = 10,000원이 된다.

5 ③

자가물류비 = 노무비 + 이자 + 전기료 + 가스수도료 + 재료비 + 세금
$13,000+250+300+300+3,700+90=17,640$만 원
위탁물류비＝지불포장비+지급운임+상/하차용역비+수수료 $80+400+550+90=1,120$만 원

6 ④

㉠ 단순이동평균법 $= \dfrac{15+13+9+14}{4} = 12.75$대

(∵ 이동평균법에서 주기는 4개월로 이므로)

㉡ 가중이동평균법
$= 15×0.4+13×0.3+9×0.2+14×0.1 = 13.1$대

㉢ 단순지수평활법에서 5월의 예측치가 없으므로 단순이동평균법에 따른 예측치를 구하면

$\dfrac{13+9+14+10}{4} = 11.5$이다.

단순지수평활법 $= 11.5 + 0.4(15-11.5) = 12.9$대
따라서 ㉡ > ㉢ > ㉠ 순이다.

7 ②

각 대안별 월 소요 예산을 구하면 다음과 같다.

A안 : 모든 빈곤 가구에게 전체 가구 월 평균 소득의 25%에 해당하는 금액을 가구당 매월 지급한다고 하였으므로, $(300 \times 0.2 + 600 \times 0.2 + 500 \times 0.2 + 100 \times 0.2) \times (2,000,000 \times 0.25) = 300 \times 500,000 = 150,000,000$원이 필요하다.

B안 : 한 자녀 가구에는 10만 원, 두 자녀 가구에는 20만 원, 세 자녀 이상 가구에는 30만 원을 가구당 매월 지급한다고 하였으므로, $(600 \times 100,000 + 500 \times 200,000 + 100 \times 300,000) = 60,000,000 + 100,000,000 + 30,000,000 = 190,000,000$원이 필요하다.

C안 : 자녀가 있는 모든 맞벌이 가구에 자녀 1명당 30만 원을 매월 지급하고 세 자녀 이상의 맞벌이 가구에는 일률적으로 가구당 100만 원을 매월 지급한다고 하였으므로, $\{(600 \times 0.3) \times 300,000\} + \{(500 \times 0.3) \times 2 \times 300,000\} + \{(100 \times 0.3) \times 1,000,000\} = 54,000,000 + 90,000,000 + 30,000,000 = 174,000,000$원이 필요하다.

따라서 A < C < B 순이다.

8 ②

① 페이스북을 이용하거나 태블릿PC를 사용하는 사원은 김하나, 정민지, 박진숙 3명이다.

③ 취미로 SNS를 활용하는 사원인 박진숙, 한아름의 기기구입비는 440,000＋580,000＝1,020,000원이다.

④ 2013년에 SNS를 가입하거나 블로그를 이용하는 사원은 김하나, 윤동진, 이정미, 한아름 4명이다.

9 ④

④ $\dfrac{392,222}{1,288,847} \times 100 = 30.43\%$

따라서 30%를 초과한다.

10 ④

④ I공장의 2016년 전체 판매율

: $\dfrac{702}{794} \times 100 = 88.4\%$

11 ④

(다)에서 웰빙에 대한 화두를 던지고 있으나, (라)에서 반전을 이루며 인간의 건강이 아닌 환경의 건강을 논하고자 하는 필자의 의도를 읽을 수 있다. 이에 따라 환경 파괴에 의한 생태계의 변화와 그러한 상태계의 변화가 곧 인간에게 영향을 미치게 된다는 논리를 펴고 있으므로 이어서 (가), (나)의 문장이 순서대로 위치하는 것이 가장 적절한 문맥의 흐름이 된다.

12 ②

최 대리와 윤 사원은 바이어 일행 체류 일정을 수립하는 업무를 담당하게 되었으며, 이것은 적절한 계획 수립을 통하여 일정이나 상황에 맞는 인원을 배치하는 일이 될 것이므로, 모든 일정에 담당자가 동반하여야 한다고 판단할 수는 없다.

① 3사분기 매출 부진 원인 분석 보고서 작성은 오 과장이 담당한다. 따라서 오 과장은 매출과 비용 집행 관련 자료를 회계팀으로부터 입수하여 분석할 것으로 판단할 수 있다.

③ 최 대리와 윤 사원은 바이어 일행의 체류 일정에 대한 업무를 담당하여야 하므로 총무팀에 차량 배차를 의뢰하게 된다.

④ 민 과장과 서 사원은 등반대회 진행을 담당하게 되었으므로 배정된 예산을 수령하기 위하여 회계팀, 회사에서 지원하는 물품을 수령하기 위하여 총무팀의 업무 협조를 의뢰하게 될 것으로 판단할 수 있다.

13 ②

배전용 전기설비를 신규로 이용하고자 하거나, 기존의 배전용 전기설비 이용계약을 변경하고자 하는 고객은 송·배전용 전기설비 이용규정의 이용신청서 서식을 작성하여 한전(관할 지사·지점)에 신청해야 한다. 제시된 문서는 접속설비 설치계획, 계량장치 설치계획 등의 내용을 상세히 기재하게 되어 있는 것으로 보아, 보기에 제시된 이름 중 가장 합리적으로 판단할 수 있는 문서의 이름은 '배전용 전기설비 접속제의서'이다.

14 ④

아동기를 거쳐 청소년기에 이르기까지 교육이 청소년에게 미치는 영향과 관련한 내용을 다루고 있으므로 교육적인 관점에서의 규정을 내리고 있다고 할 수 있다.

① 아동복지법, 청소년보호법 등에서 규정하는 연령 등에 대한 구분이 법적 관점에서의 규정이라고 할 수 있다.

② 부모와의 관계, 의존도 등에 의한 관점이 사회적 관점이라고 할 수 있다.

③ 사회적 관점과 비슷하여 심리적인 독립이 확립되었는지의 유무에 의한 규정이라고 할 수 있다.

15 ④

④ 세 번째 문단을 보면 객관적인 성취의 크기로 보자면 은메달 수상자가 동메달 수상자보다 더 큰 성취를 이룬 것이 분명하나, 은메달 수상자와 동메달 수상자가 주관적으로 경험한 성취의 크기는 이와 반대로 나왔다고 언급하고 있다. 따라서 주관적으로 경험한 성취의 크기는 동메달 수상자가 은메달 수상자보다 더 큰 것을 알 수 있다.

16 ①

마지막 문단에서 공간 정보 활용 범위의 확대 사례로 여행지와 관련한 공간 정보 활용과 도시 계획 수립을 위한 공간 정보 활용, 자연재해 예측 시스템에서의 공간 정보 활용 등을 제시하여 내용을 타당성 있게 뒷받침하고 있다.

17 ②

B가 말하는 부분은 "제15조(인수거절) 2"에 나타나 있다. 물품 인도예정일로부터 3일이 경과하는 시점까지 수취인이 물품을 인수하지 아니 하는 경우 초과일수에 대하여는 보관료를 수취인에게 징수할 수 있으며, 그 보관료는 인도 초과 일수 × 운송요금 × 0.2로 한다고 하였으므로 3일이 경과하는 시점까지 수취인이 물품을 인수하지 아니 하는 경우이므로 해당 물품에 대한 보관료는 4일 분량(4일, 5일, 6일, 7일) × 15,700 × 0.2 = 12,560원이 된다.

18 ②

셋째 문단에 "숙련 노동자에 대한 수요의 증가율, 곧 증가 속도는 20세기 내내 일정하게 유지된 반면"에서 보면 알 수 있듯이 20세기 내내 숙련노동자가 선호되고 있었음을 알 수 있다.

19 ②

산재보험의 소멸은 명확한 서류나 행정상의 절차를 완료한 시점이 아닌 사업이 사실상 폐지 또는 종료된 시점에 이루어진 것으로 판단하며, 법인의 해산 등기 완료, 폐업신고 또는 보험관계소멸신고 등과는 관계없다.

① 마지막 부분에 고용보험 해지에 대한 특이사항이 기재되어 있다.

③ '직권소멸'은 적절한 판단에 의해 근로복지공단이 취할 수 있는 소멸 형태이다.

20 ①

㉠ 지지도 방식은 적극적 지지자만 지지자로 분류하고 나머지는 기타로 분류하므로, 적극적 지지자의 수가 많은 A후보가 더 많은 지지를 받는다.

㉡ 선호도 방식은 적극적으로 지지하는 사람들과 소극적으로 지지하는 사람들을 모두 지지자로 계산하는 방식이므로, 주어진 정보만으로는 A후보가 B후보보다 많은 지지를 받을지 알 수 없다.

㉢ A후보가 B후보보다 적극적 지지자와 소극적 지지자의 수가 각각 더 많다면, 적극적 지지자만 지지자로 분류하는 지지도 방식에 비해 적극적 지지자와 소극적 지지자를 모두 지지자로 계산하는 선호도 방식에서 A후보와 B후보 사이의 지지자 수의 격차가 더 크다.

21 ④

무항공사의 경우 화물용 가방 2개의 총 무게가 20×2=40kg, 기내 반입용 가방 1개의 최대 허용 무게가 16kg이므로 총 56kg까지 허용되어 무항공사도 이용이 가능하다.

① 기내 반입용 가방의 개수를 2개까지 허용하는 항공사는 갑, 병항공사 밖에 없다.

② 155cm 2개는 화물용으로, 118cm 1개는 기내 반입용으로 운송 가능한 곳은 무항공사이다.

③ 을항공사는 총 허용무게가 23＋23＋12 ＝ 58kg이며, 병항공사는 20＋12＋12 ＝ 44kg이다.

22 ①

A : 태아검진휴가의 경우 유급휴가로 규정하고 있으나, 미사용 시 수당을 지급한다는 규정은 언급되어 있지 않다.(X)

B : 임신 중 출퇴근 시간 조정이 가능하며, 산전, 후 100일의 휴가 중 산후에 70일 이상이 확보되어야 하므로 산전의 최대 산전 휴가 일수는 30일이 된다.(O)

C : 산후 휴가는 최소 70일이 확보되며 유급휴가이다.(O)

D : 산후 휴가와 육아휴직을 구분하고 있으며, 평균임금의 70% 지급은 육아휴직에 해당된다.(X)

23 ④

서 대리는 입사 5년차로 6년 이상 계속근무자 조건에 부합되지 않으므로 유급연수를 부여한 것은 적절하지 않은 인사 조치에 해당된다.

① 임신 8개월차 이후에 사산한 경우이므로 출산과 동일한 100일의 유급휴가가 부여되므로, 나머지 80일의 휴가를 부여한 것은 적절한 인사 조치이다.

② 배우자 출산의 경우이므로 유급휴가 7일은 적절한 인사 조치이다.

③ 미취학 자녀이므로 1년 이내 육아휴직이 가능하므로 2개월인 경우 평균임금의 70%를 지급하는 육아휴직을 부여한 것은 적절한 인사 조치이다.

24 ④

ⓒ의 경우에는 "계층적 인터넷을 지지하는 인터넷 사업자들은 추후네트워크 혼잡의 문제가 심각하게 제기되어 기존 방식으로는 새로운 서비스들에 대한 품질 보장이 어렵게 될 것이기 때문에 품질 관리가 중요한 서비스 전송에 우선권을 부여할 필요성이 있다고 주장하는 데 반하여, 네트워크 중립성을 지지하는 콘텐츠사업자와 인터넷 전화 사업자들은 네트워크 혼잡의 위험성이 높지 않다고 주장한다."에서 알 수 있듯이 밑줄 친 부분에서 서로 양측 간 주장이 상반되어 충돌되는 것을 알 수 있다.

ⓔ의 경우 "네트워크 중립성의 지지자들은 계층적 인터넷 하에서의 지불 능력에 따른 차별이 인터넷상의 온갖 혁신을 가능케 하였던 인터넷의 개방성을 감소시킬 것을 우려한다. 이에 대하여 계층적 인터넷의 지지자들은 계층적 인터넷 하에서도 기존 인터넷의 개방적 성격이 유지될 수 있다고 주장한다."에서 알 수 있듯이 밑줄 친 부분에서 서로 양측 간 주장이 서로 상반되어 충돌되는 것을 알 수 있다.

25 ①

甲과 丙의 진술로 볼 때, C ＝ 삼각형이라면 D ＝ 오각형이고, C ＝ 원이라면 D ＝ 사각형이다. C ＝ 삼각형이라면 戊의 진술에서 A ＝ 육각형이고, 丁의 진술에서 E ≠ 사각형이므로 乙의 진술에서 B ＝ 오각형이 되어 D ＝ 오각형과 모순된다. 따라서 C ＝ 원이다. C ＝ 원이라면 D ＝ 사각형이므로, 丁의 진술에서 A ＝ 육각형, 乙의 진술에서 B ＝ 오각형이 되고 E ＝ 삼각형이다. 즉, A ＝ 육각형, B ＝ 오각형, C ＝ 원, D ＝ 사각형, E ＝ 삼각형이다.

26 ③

1. 키가 110cm 미만인 아동이 10명, 심한 약시인 아동이 10명 있지만, 이 학교의 총 학생 수가 20명인지는 알 수 없다. → ×

2. 키가 110cm 미만인 아동은 모두 특수 스트레칭 교육을 받는데, 이 학교에는 키가 110cm 미만인 아동이 10명 있으므로 특수 스트레칭 교육을 받는 아동은 최소 10명이다. → ○

3. 약시인 어떤 아동은 특수 영상장치가 설치된 학급에서 교육을 받는데, 특수 스트레칭 교육을 받는 아동 중에는 약시인 아동이 없으므로 특수 스트레칭 교육을 받는 아동은 특수 영상장치가 설치된 학급에서 교육을 받지 않는다. → ×

4. 이 학교의 학급 수는 알 수 없다. → ×

5. 석이의 키가 100cm라면, 석이는 특수 스트레칭 교육을 받고 약시가 아니다. → ○

6. 약시인 어떤 아동은 특수 영상장치가 설치된 학급에서 교육을 받는다고 했으므로 약시인 아동이라고 해서 모두 특수 영상장치가 설치된 학급에서 교육을 받는 것은 아니다. 따라서 숙이, 철이, 석이 모두 약시라도, 세 사람은 같은 교실에서 교육을 받는지는 알 수 없다. → ×

27 ②

B팀은 자신들이 제작한 K부서 정책홍보책자를 서울에 모두 배포하거나 부산에 모두 배포한다는 지침에 따라 배포하였는데, B팀이 제작·배포한 K부서 정책홍보책자 중 일부를 부산에서 발견하였으므로, B팀의 책자는 모두 부산에 배포되었다.

A팀이 제작·배포한 책자 중 일부를 서울에서 발견하였지만, A팀은 자신들이 제작한 K부서의 모든 정책홍보책자를 서울이나 부산에 배포한다는 지침에 따라 배포하였으므로, 모두 서울에 배포되었는지는 알 수 없다.

따라서 항상 옳은 평가는 ⓒ뿐이다.

28 ④

회의 시간이 런던을 기준으로 11월 1일 9시이므로, 이때 서울은 11월 1일 18시, 시애틀은 11월 1일 2시이다.

• 甲은 런던을 기준으로 말했으므로 甲이 프로젝트에서 맡은 업무를 마치는 시간은 런던 기준 11월 1일 22시로, 甲이 맡은 업무를 마치는 데 필요한 시간은 22 − 9 = 13시간이다.

• 乙은 시애틀을 기준으로 이해하고 말했으므로 乙은 甲이 말한 乙이 말한 다음날 오후 3시는 시애틀 기준 11월 2일 15시이다. 乙은 甲이 시애틀을 기준으로 11월 1일 22시에 맡은 일을 끝내 줄 것이라고 생각하였으므로, 乙이 맡은 업무를 마치는 데 필요한 시간은 2 + 15 = 17시간이다.

• 丙은 서울을 기준으로 말했으므로 丙이 말한 모레 오전 10시는 11월 3일 10시이다. 丙은 乙이 서울을 기준으로 11월 2일 15시에 맡은 일을 끝내 줄 것이라고 생각하였으므로, 丙이 맡은 업무를 마치는 데 필요한 시간은 9 + 10 = 19시간이다.

따라서 계획대로 진행될 경우 甲, 乙, 丙이 맡은 업무를 끝내는 데 필요한 총 시간은 13 + 17 + 19 = 49시간으로, 2일하고 1시간이라고 할 수 있다. 이를 서울 기준으로 보면 11월 1일 18시에서 2일하고 1시간이 지난 후이므로, 11월 3일 19시이다.

29 ①

승차 정원이 2명인 E를 제외한 나머지 차량의 차량별 실구매 비용을 계산하면 다음과 같다.

(단위 : 만 원)

차량	차량 가격	충전기 구매 및 설치비용	정부 지원금 (완속 충전기 지원금 제외)	실구매 비용
A	5,000	2,000	2,000	5,000 + 2,000 − 2,000 = 5,000
B	6,000	0 (정부지원금)	1,000	6,000 + 0 − 1,000 = 5,000
C	8,000	0 (정부지원금)	3,000	8,000 + 0 − 3,000 = 5,000
D	8,000	0 (정부지원금)	2,000	8,000 + 0 − 2,000 = 6,000

이 중 실구매 비용이 동일한 A, B, C에 대하여 '점수 계산 방식'에 따라 차량별 점수를 구하면 A는 승차 정원에서 2점의 가점을, B는 최고속도에서 4점의 감점과 승차 정원에서 4점의 가점을 받게 되고 C는 감점 및 가점이 없다. 따라서 甲이 선정하게 될 차량은 점수가 가장 높은 A가 된다.

30 ④

A~D의 내진성능평가지수와 내진보강공사지수를 구하면 다음과 같다.

구분	A	B	C	D
내진성능평가지수	82(3점)	90(5점)	80(1점)	83(3점)
내진보강공사지수	91(3점)	95(3점)	90(1점)	96(5점)
총점	6점	8점	2점	8점

B와 D의 총점이 동일하므로 내진보강대상건수가 많은 D가 더 높은 순위를 차지한다. 최종순위는 D − B − A − C이다.

31 ④

직원	성공추구 경향성과 실패회피 경향성	성취행동 경향성
A	성공추구 경향성 $= 3 \times 0.7 \times 0.2 = 0.42$	$= 0.42 - 0.24 = 0.18$
	실패회피 경향성 $= 1 \times 0.3 \times 0.8 = 0.24$	
B	성공추구 경향성 $= 2 \times 0.3 \times 0.7 = 0.42$	$= 0.42 - 0.21 = 0.21$
	실패회피 경향성 $= 1 \times 0.7 \times 0.3 = 0.21$	
C	성공추구 경향성 $= 3 \times 0.4 \times 0.7 = 0.84$	$= 0.84 - 0.36 = 0.48$
	실패회피 경향성 $= 2 \times 0.6 \times 0.3 = 0.36$	

32 ③

고객의 유형과 상대하는 데 있어 주의해야 할 사항을 요약하면 다음과 같다.

고객 유형	주의사항
거만형	정중하게 대하는 것이 좋으며 과시욕이 채워지도록 내버려둔다. 의외의 단순한 면이 있으므로 일단 호감을 얻게 되면 득이 될 경우가 많다.
의심형	분명한 근거나 증거를 제시하여 스스로 확신을 갖도록 유도한다. 때로는 책임자로 하여금 응대하게 하는 것이 좋다.
트집형	이야기를 경청하면서 맞장구치고 추켜세워 설득해 가는 방법이 효과적이며, "맞습니다. 역시 정확하십니다." 등의 화법이 효과적이다.
빨리빨리형	애매한 화법은 금물이며, 만사를 시원스럽게 처리하는 모습을 보이면 응대하기 쉽다.

33 ①

목표를 달성하기 위해 노력하는 팀이라면 갈등은 항상 일어나게 마련이다. 갈등은 의견 차이가 생기기 때문에 발생하게 된다. 그러나 이러한 결과가 항상 부정적인 것만은 아니다. 갈등은 새로운 해결책을 만들어 주는 기회를 제공한다. 중요한 것은 갈등에 어떻게 반응하느냐 하는 것이다. 갈등이나 의견의 불일치는 불가피하며 본래부터 좋거나 나쁜 것이 아니라는 점을 인식하는 것이 중요하다. 또한 갈등수준이 적정할 때

는 조직 내부적으로 생동감이 넘치고 변화 지향적이며 문제해결 능력이 발휘되며, 그 결과 조직성과는 높아지고 갈등의 순기능이 작용한다.

34 ④

첫 번째 유형은 타협형, 두 번째 유형은 통합형을 말한다. 갈등의 해결에 있어서 문제를 근본적 · 본질적으로 해결하는 것이 가장 좋다. 통합형 갈등해결 방법에서의 '윈윈(Win-Win) 관리법'은 서로가 원하는 바를 얻을 수 있기 때문에 성공적인 업무관계를 유지하는 데 매우 효과적이다.

35 ④

ⓒ 2의 '전자 · 통신관계법에 의한 전기 · 전자통신기술에 관한 업무'에 해당하므로 丙은 자격 취득 후 경력 기간 15개월 중 80%인 12개월을 인정받는다.

ⓔ 1의 '전력시설물의 설계 · 공사 · 감리 · 유지보수 · 관리 · 진단 · 점검 · 검사에 관한 기술업무'에 해당하므로 丁은 자격 취득 전 경력 기간 2년의 50%인 1년을 인정받는다.

36 ②

'원활한 직무수행 또는 사교 · 의례의 목적으로 제공될 경우에 한하여 제공되는 3만 원 이하의 음식물 · 편의 또는 5만 원 이하의 소액의 선물'이라고 명시되어 있으며, 부정한 이익을 목적으로 하는 경우는 3만 원 이하의 금액에 대해서도 처벌이 가능하다고 해석될 수 있다.

① 사적 거래로 인한 채무의 이행 등에 의하여 제공되는 금품은 '금품 등을 받는 행위의 제한' 사항의 예외로 규정되어 있다.

③ 공개적인 경우 문제의 소지가 현저히 줄어든다고 볼 수 있다.

④ 상조회로부터의 금품에 대한 한도액과 관련한 규정은 제시되어 있지 않다.

37 ②

고객과의 대화 내용을 녹취하는 것은 고객에 대한 예절의 차원이 아닌 A기관의 업무수행을 위한 행위이다. 고객의 의견을 명확히 이해하기 위해서는 "~다는 말씀이시지요?" 또는 "~라고 이해하면 되겠습니까?" 등의 발언을 통하여 고객이 말하는 중요 부분을 반복하여 확인하는 것이 효과적인 방법이라고 할 수 있다.

38 ④

B팀은 팀워크가 좋은 팀, C팀은 응집력이 좋은 팀, A팀은 팀워크와 응집력 모두가 좋지 않은 팀이다. C팀과 같이 성과를 내지 못하고 있지만 팀의 분위기가 좋다면 이것은 팀워크가 아니라 응집력이 좋다고 표현할 수 있다. 응집력은 사람들로 하여금 계속 그 집단에 머물게 하고, 집단의 멤버로서 남아있기를 희망하게 만드는 힘이다.

39 ④

집단의사결정은 한 사람이 가진 지식보다 집단이 가지고 있는 지식과 정보가 더 많아 효과적인 결정을 할 수 있다. 또한 다양한 집단구성원이 갖고 있는 능력은 각기 다르므로 각자 다른 시각으로 문제를 바라봄에 따라 다양한 견해를 가지고 접근할 수 있다. 집단의사결정을 할 경우 결정된 사항에 대하여 의사결정에 참여한 사람들이 해결책을 수월하게 수용하고, 의사소통의 기회도 향상되는 장점이 있다. 반면에 의견이 불일치하는 경우 의사결정을 내리는 데 시간이 많이 소요되며, 특정 구성원들에 의해 의사결정이 독점될 가능성이 있다.

40 ②

'갑' 기업의 상설 조직은 공식적, '을' 기업의 당구 동호회는 비공식적 집단이다. 공식적인 집단은 조직의 공식적인 목표를 추구하기 위해 조직에서 의도적으로 만든 집단이다. 따라서 공식적인 집단의 목표나 임무는 비교적 명확하게 규정되어 있으며, 여기에 참여하는 구성원들도 인위적으로 결정되는 경우가 많다.

41 ②

효과적인 팀은 결국 결과로 이야기할 수 있어야 한다. 필요할 때 필요한 것을 만들어 내는 능력은 효과적인 팀의 진정한 기준이 되며, 효과적인 팀은 개별 팀원의 노력을 단순히 합친 것 이상의 결과를 성취하는 능력을 가지고 있다. 이러한 팀의 구성원들은 지속적으로 시간, 비용 및 품질 기준을 충족시켜 준다. 결과를 통한 '최적의 생산성'은 바로 팀원 모두가 공유하는 목표이다.

선택지에 주어진 것 이외에도 효과적인 팀의 특징으로는 '팀의 사명과 목표를 명확하게 기술한다.', '창조적으로 운영된다.', '리더십 역량을 공유하며 구성원 상호 간에 지원을 아끼지 않는다.', '팀 풍토를 발전시킨다.' 등이 있다.

42 ②

제시된 내용은 엑셀에서 제공하는 스파크라인 기능에 대한 설명이다.

43 ②

마우스로 채우기 핸들을 아래로 드래그하여 숫자가 증가되도록 하려면 〈Ctrl〉을 같이 눌러줘야 한다.

44 ④

지정 범위에서 인수의 순위를 구하는 경우 'RANK' 함수를 사용한다. 이 경우, 수식은 '=RANK(인수, 범위, 결정 방법)'이 된다. 결정 방법은 0 또는 생략하면 내림차순, 0 이외의 값은 오름차순으로 표시하게 된다.

45 ④

이순신 장군이 지은 책을 검색하는 것이므로 많은 책들 중에서 이순신과 책이 동시에 들어있는 웹문서를 검색해야 한다. 따라서 AND 연산자를 사용하면 된다.

46 ③

특정한 데이터만을 골라내는 기능을 필터라고 하며 이 작업을 필터링이라 부른다.

① 원하는 기준에 따라 서식을 변경하는 기능으로 특정 셀을 강조할 수 있다.

② 원하는 단어를 찾는 기능이다.

④ 무작위로 섞여있는 열을 기준에 맞춰 정렬하는 기능으로 오름차순 정렬, 내림차순 정렬 등이 있다.

47 ③

'#NULL!'은 교차하지 않은 두 영역의 교차점을 참조 영역으로 지정하였을 경우 발생하는 오류 메시지이며, 잘못된 인수나 피연산자를 사용했을 경우 발생하는 오류 메시지는 #VALUE! 이다.

48 ③

$n = 0, \ S = 1$

$n = 1, \ S = 1 + 1^2$

$n = 2, \ S = 1 + 1^2 + 2^2$

...

$n = 7, \ S = 1 + 1^2 + 2^2 + \cdots + 7^2$

∴ 출력되는 S의 값은 141이다.

49 ④

전결권자가 자리를 비웠을 경우, '직무 권한'은 차상위자가 아닌 직상급직책자가 수행하게 되며, 차상위자가 전결권자가 되는 경우에도 '직무 권한' 자체의 위임이 되는 것은 아니다.

① 차상위자가 필요한 경우, 최종결재자(전결권자)가 될 수 있다.

② 부재 중 결재사항은 전결권자 업무 복귀 시 사후 결재를 받는 것으로 규정하고 있다.

③ 팀장의 업무 인수인계는 부사장의 전결 사항이다.

50 ②

교육비용을 신청하고자 하므로 교육비를 지출해야 한다. 따라서 김 대리가 작성해야 할 결재 문서는 교육비집행내역서이다. 예산집행내역서는 부사장 전결 사항이므로 부사장의 결재란이 맨 오른쪽 '전결' 란에 위치하도록 하며, 원래의 부사장 란은 대각선 표시를 한다.